KAY-HENNER MENGE

Waffeln

AUS DEM OFEN

südwest

WAFFELN

Inhalt

ALLE LIEBEN WAFFELN!   4
AN DIE WAFFELN, FERTIG, LOS!   6

Süße Ofenwaffeln   9

Erfüllen Sie sich ganz spontan Waffelträume! Ofen vorheizen, Handrührgerät hervorholen – und los geht's mit Marzipan-, Buttermilch- oder Kokoswaffeln mit Mangoeis.

Waffeln mal ganz anders   29

Neuinterpretationen des Waffelthemas wie Waffellollis, Vanilleeiswaffeln oder vegane Zitronen-Pistazien-Waffeln warten schon darauf, von Ihnen serviert zu werden.

Herzhafte Ofenwaffeln   47

Diese Rezepte zeigen, dass auch Pikantes wie Käsewaffeln, bayerische Laugenwaffeln oder topaktuelle Waffel-Burger einfach unwiderstehlich ist und ausprobiert werden will.

REZEPTREGISTER   63
ÜBER DIESES BUCH/IMPRESSUM   64

Alle lieben Waffeln!

Überraschen Sie Groß und Klein, Familie und Freunde mit frisch gebackenen Waffeln aus Ihrem Backofen, denn dann sind sie am allerbesten! Mit der beiliegenden Waffelform zaubern Sie in weniger als einer halben Stunde vier herrlich duftende Ofenwaffeln. Sie brauchen also kein Waffeleisen, sondern können gleich mit dem Teiganrühren loslegen, denn die meisten Zutaten haben Sie sicher in Ihrem Küchenvorrat, oder sie sind einfach zu besorgen.

DIE FORM

Die Waffelbackform besteht aus reinem lebensmittelechtem Silikon. Vor dem Gebrauch sollte sie mit Wasser und Spülmittel gereinigt und mit einem Geschirrtuch trockengerieben werden. Es empfiehlt sich, die Form vor dem ersten Backvorgang fein mit Öl auszupinseln. Nach dem Backen einfach mit Hilfe einer Spülbürste mit Warmwasser abwaschen und mit Küchenpapier trockenwischen. Wird die Form in der Spülmaschine gewaschen, dann immer im Anschluss feucht auswischen und trockenwischen (sonst kann Teig anhaften!).

Die flache Form benötigt wenig Platz in Ihrem Küchenschrank. Achten Sie dabei bitte darauf, dass die Form eben steht und durch nichts beschwert wird.

DIE ZUTATEN

Mehl und Backpulver werden als Erstes in einer Schüssel gemischt: am besten mit einem Schneebesen kurz kräftig durchrühren – so wird das Backpulver gleichmäßig verteilt und Ihre Waffeln bekommen beim Backen keine Luftlöcher. Im Supermarkt finden Sie neben dem bekannten Backpulver Weinstein-Backpulver. Das enthält als Säuerungsmittel natürlichen Weinstein anstelle der sonst üblichen Phosphate. Die Backeigenschaften sind gleich, und das feine, mild säuerliche Aroma von natürlichem Weinstein gibt Ihren Waffeln einen angenehmen Geschmack.

Hinweis Sofern bei den Rezepten nichts anderes angegeben ist, bedeutet »1 Teelöffel Backpulver« einen gestrichen vollen Teelöffel.

Steht in der Zutatenliste Mehl, müsste es korrekterweise Weizenmehl (Type 405) heißen. Die Zahl nach der Type ist ein Maß dafür, wie viele Randbestandteile des Getreidekorns im Mehl noch enthalten sind. Je mehr Mineralstoffe im Mehl, umso dunkler das Mehl. Für den Waffelteig können Sie Weizenmehl (Type 405 und 550) gegen Dinkelmehl (Type 630) problemlos austauschen. Auch der Austausch von Dinkel- und Weizenmehlen höherer Typezahlen ist möglich.

Eier und Butter sollten für einen Waffelrührteig die gleiche Temperatur haben, damit sie sich gut verbinden – am besten ist beides zimmerwarm.

Milch kann man gegen eine pflanzliche Alternative austauschen. Um Buttermilch zu ersetzen, geben Sie zusätzlich etwas Zitronensaft in den Teig.

Süßrahmbutter verleiht den Waffeln ein feines Butteraroma. Sauerrahm- und Joghurtbutter sind dagegen leicht säuerlich, wobei Joghurtbutter weniger Fett enthält. Butter kann auch durch Margarine mit Vollfettgehalt ersetzt werden. Wird in einem Rezept Öl verwendet, empfiehlt sich möglichst geschmacksneutrales Öl wie Rapskern- oder Sonnenblumenkernöl. Intensive Öle können in gebackenen Waffeln unangenehm hervorschmecken.

Gesüßt wird der Waffelteig meist mit Zucker. Ob Sie weißen oder braunen Zucker verwenden, bleibt Ihnen überlassen: Beide Zucker sind gegeneinander austauschbar. Rohrohrzucker ist aromaintensiver und verleiht dem Waffelteig eine leichte Karamellnote.

SUPERSTART IN DEN TAG – MÜSLIWAFFELN ZUM FRÜHSTÜCK

Mischen Sie 4 EL Ihres Lieblingsmüslis mit 125 g Dinkelmehl (Type 1050) und 1 TL Backpulver. In einer Schüssel 60 g Joghurtbutter und 3 EL flüssigen Honig 5 Minuten cremig rühren. Nacheinander 2 Eier (Kl. M) je 30 Sekunden unterrühren. Mehlmischung abwechselnd mit 150 g Vanille- oder Zitronenjoghurt und 4 EL Milch unterrühren. In der Form bei 200 °C (Umluft 180 °C) backen. Mit frischen Früchten, 1 bis 2 EL Joghurt und 1 EL Müsli anrichten.

An die Waffeln, fertig, los!

Zunächst stellen Sie alle Zutaten abgemessen oder abgewogen bereit. Vor dem Backen muss der Backofen vorgeheizt werden. Belegen Sie den Ofenrost mit Backpapier – dieses gleicht Unebenheiten aus, und der Backofen bleibt sauber, sollte einmal der Teig über den Formenrand treten. Zudem werden die Waffeln nach der ersten Backzeit auf das Backpapier gestürzt und dann fertig gebacken.

Hinweis Geben Sie die Waffelform nie auf ein Backblech, sondern immer auf den Rost zum Backen. Der Boden des Blechs lässt nicht genug Hitze an die Form.

Während der Aufheizphase des Ofens bereiten Sie den Teig nach dem ausgewählten Rezept zu. Rühren oder kneten Sie den Waffelteig am besten mit einem Handrührgerät. Küchenmaschinen sind für die relativ kleine Menge weniger geeignet, können aber beim Verdoppeln der Zutaten eine praktische Hilfe sein.

ACHT AUF EINEN STREICH!

Wenn Sie Lust auf mehr Waffeln haben, können Sie die Zutaten der meisten Rezepte in diesem Buch ganz einfach verdoppeln. Dann backen Sie die Waffeln wie folgt: Form auf den (mit Backpapier belegten) Ofenrost setzen, die Hälfte des Teiges darin verteilen und wie beschrieben backen. Rost und Form aus dem Ofen nehmen und kurz stehen lassen. Waffelform stürzen und abheben. Form mit restlichem Teig füllen und neben den angebackenen Waffeln (weiter-)backen. Fertig gebackene Waffeln auf ein Gitter legen. Waffeln aus der Form auf das Backpapier stürzen, zu Ende backen und alle acht Waffeln auf dem Gitter abkühlen lassen.

Und wenn wider Erwarten Waffeln übrig bleiben, können Sie diese problemlos nebeneinander liegend einfrieren und ganz aufgetaut im Toaster aufbacken.

Verteilen Sie den angerührten Teig direkt aus der Schüssel mit Hilfe eines Teigschabers gleichmäßig in der Waffelform. Achten Sie darauf, dass die Erhebungen des Waffelmusters gut bedeckt sind, damit die Waffeln keine Löcher bekommen, aber „überfüllen" Sie die Form nicht. Klopfen Sie mit dem Rost und der gefüllten Form darauf leicht auf die Arbeitsfläche; dadurch füllen sich Lufthohlräume mit Teig.

Damit die Ofenhitze gleichmäßig an die Waffelform gelangen kann, wird der Rost auf der Mittelschiene in den heißen Backofen eingeschoben.

Lösen sich die Waffeln einmal nicht aus der Form, legen Sie ein mit kaltem Wasser angefeuchtetes Geschirrtuch auf die Form. Nach einer kurzen Wartezeit löst sich der Teig.

Tipp Jeder Backofen heizt anders! Wenn Sie unsicher sind, überprüfen Sie die Ofentemperatur mit einem Backofenthermometer.

Nach der ersten Backzeit nehmen Sie Rost und Form heraus. Stellen Sie die Form direkt auf die Arbeitsfläche und lassen Sie sie zwei Minuten abkühlen. So kann sich der Teig von der Form lösen. Um den Teig aus der Form zu stürzen, legen Sie Backpapier und den Rost darauf. Nun können Sie alles zusammen umdrehen (Vorsicht, heiß!) und die Waffelform ganz einfach vom Teig heben: Das Waffelmuster liegt nun oben, und die schon verführerisch duftenden Waffeln können goldbraun zu Ende gebacken werden. Abschließend lassen Sie Ihre Ofenwaffeln auf einem Kuchenrost leicht abkühlen und richten sie mit den zubereiteten Beilagen an.

Süße Ofen-waffeln

Selbst gebackene Ofenwaffeln schmecken zu jeder Tageszeit! Ob schnell mal zum Kaffee oder als liebevolles Sonntagsfrühstück: Überraschen Sie Familie und Freunde mit köstlichen Schwarzwäl-der-Kirsch-Waffeln, Hefe-Knusperzucker-Waffeln oder Mandelwaffeln mit Himbeer-Joghurt-Sahne. Viel Freude beim Ausprobieren und Schlemmen!

Schwarzwälder-Kirsch-Waffeln mit Quarksahne

FÜR 4 WAFFELN

Kirschkompott und Quarksahne

1 Glas Sauerkirschen
(ohne Zucker, 195 g Abtropfgewicht)

40 g Zucker

2 TL Speisestärke

3 EL Kirschwasser

100 g Schlagsahne

150 g Quark

30 g Raspelschokolade

Ofenwaffeln

125 g Mehl

1/2 TL Backpulver

1 gehäufter EL Kakaopulver

60 g weiche Butter

40 g Zucker

1 Päckchen Vanillezucker

2 Eier (Kl. M)

125 ml Milch

Zubereitungszeit: ca. 45 Min.

>> Tortenfreunde aufgepasst: Hier wird die schokoladige Lieblingstorte als Waffel gebacken. Dazu gibt es mit Kirschwasser aromatisiertes Kompott.

1 Für das Kompott die Kirschen in einem Sieb abtropfen lassen und den Saft auffangen. 150 Milliliter Kirschsaft und 25 Gramm Zucker aufkochen. Stärke und Kirschwasser verrühren und unter Rühren in den Saft geben. Aufkochen und von der Kochstelle nehmen. Kirschen unterrühren, dann abkühlen lassen.

2 Für die Waffeln Mehl, Backpulver und Kakao mischen. Butter, Zucker und Vanillezucker mit den Quirlen des Handrührgeräts 5 Minuten cremig aufschlagen. Eier nacheinander je 30 Sekunden gut unterrühren. Mehlmischung abwechselnd mit der Milch unterrühren.

3 Form auf den mit Backpapier belegten Ofenrost stellen. Teig in der Form verteilen. Im heißen Ofen bei 200 °C (Umluft 180 °C) in der Ofenmitte 10 Minuten backen.

4 Rost und Form aus dem Ofen nehmen und 2 Minuten stehen lassen. Waffelform auf den Rost stürzen und abheben. Waffeln weitere 10 Minuten backen, dann auf ein Gitter legen und abkühlen lassen.

5 Für die Quarksahne die Schlagsahne steif schlagen, dabei den restlichen Zucker einrieseln lassen. Quark glatt rühren, die Hälfte der Sahne unterrühren, dann restliche Sahne und Raspelschokolade mit einem Teigschaber unterheben. Waffeln mit Kirschkompott und Quarksahne anrichten.

TIPP Wenn Kinder mitessen, kochen Sie entweder 2 Portionen Kirschkompott und davon 1 Portion ohne Kirschwasser – oder Sie lassen es ganz weg.

Dieses Rezept finden Sie auf Seite 8 links abgebildet.

Hefe-Knusperzucker-Waffeln mit Erdbeeren und Eis

>> Den herrlichen Knuspereffekt lieben nicht nur Waffelfreunde aus Belgien. Toppen Sie die lauwarmen Hefewaffeln mit Ihrem Lieblingseis!

1 Für die Waffeln Butterschmalz in einer kleinen Pfanne zerlassen. Die Form mit etwas Butterschmalz ausstreichen und kalt stellen. Hefe in eine Schüssel bröckeln und mit Milch, Vanillezucker und Zitronenschale verrühren. Mehl, 2 kräftige Prisen Salz, Ei und Eigelb zugeben. Mit den Knethaken des Handrührgeräts 3 Minuten verkneten. Butterschmalz zugeben und alles 3 Minuten zu einem weichen, glatten, glänzenden Teig verkneten. Teig zugedeckt an einem warmen Ort 45 Minuten gehen lassen.

2 Inzwischen die Erdbeeren waschen, putzen, klein schneiden, mit Zucker mischen und durchziehen lassen.

3 Form auf den mit Backpapier belegten Ofenrost stellen. Teig mit einem Rührlöffel nochmals gut durchschlagen, dabei den Hagelzucker unterarbeiten. Teig in der Form verteilen. Abgedeckt (siehe Tipp Seite 37) 15 Minuten gehen lassen. Im heißen Ofen bei 200 °C (Umluft 180 °C) in der Ofenmitte 12 Minuten backen.

4 Rost und Form aus dem Ofen nehmen und 2 Minuten stehen lassen. Waffelform auf den Rost stürzen und abheben. Waffeln weitere 10 bis 12 Minuten backen, dann auf ein Gitter legen und kurz abkühlen lassen. Waffeln mit Eis und Erdbeeren anrichten und nach Belieben mit Pistazien bestreuen.

TIPP Weil der Hagelzucker in der Waffelform karamellisiert, diese bitte nach dem Stürzen der Waffeln sofort mit etwas Spülmittel und warmem Wasser reinigen.

Dieses Rezept finden Sie auf Seite 8 rechts abgebildet.

FÜR 4 WAFFELN

Ofenwaffeln

75 g Butterschmalz

10 g frische Hefe

100 ml Milch

1 Päckchen Vanillezucker

1 TL fein abgeriebene Biozitronenschale

150 g Mehl

Salz

1 Ei (Kl. M)

1 Eigelb (Kl. M)

80 g Hagelzucker

Erdbeeren und Eis

250 g Erdbeeren

2 EL Zucker

4 Kugeln Vanilleeis

25 g gehackte Pistazien (nach Belieben)

Hinweis: Dieses Rezept lässt sich leider nicht verdoppeln.

Zubereitungszeit: ca. 40 Min. (plus 1 Std. Gehzeit)

Buchweizenwaffeln mit Heidelbeersahne

FÜR 4 WAFFELN

Heidelbeersahne

150 g TK-Heidelbeeren
50 g Zucker
10 g Vanillepuddingpulver
200 g Schlagsahne

Ofenwaffeln

2 Eier (Kl. M, getrennt)
60 g weiche Butter
50 g flüssiger Honig (z. B. Waldhonig)
Salz
50 g Weizenmehl (Type 1050)
75 g Buchweizenmehl
10 g Vanillepuddingpulver
1 TL Backpulver
100 ml Milch

Zubereitungszeit: ca. 45 Min.

» Würziger Buchweizen und eine ordentliche Portion Honig geben den süßen Waffeln ein ganz besonderes Aroma. Unbedingt ausprobieren!

1 Für die Heidelbeersahne Heidelbeeren und Zucker in einem Topf mischen und bei mittlerer Hitze aufkochen. Puddingpulver mit wenig kaltem Wasser glatt rühren, unter Rühren mit den Heidelbeeren mischen und aufkochen. Heidelbeerkompott in einer Schale im kalten Wasserbad abkühlen lassen.

2 Für die Waffeln das Eiweiß mit den Quirlen des Handrührgeräts steif schlagen. Butter, Honig und 1 kräftige Prise Salz mit den Quirlen des Rührers 5 Minuten cremig aufschlagen. Eigelbe nacheinander je 30 Sekunden gut unterrühren. Mehl, Buchweizenmehl, Puddingpulver und Backpulver mischen. Abwechselnd mit der Milch unterrühren. Erst die Hälfte des Eischnees unterziehen, dann den Rest mit einem Teigschaber unterheben.

3 Form auf den mit Backpapier belegten Ofenrost stellen. Teig in der Form verteilen. Im heißen Ofen bei 200 °C (Umluft 180 °C) in der Ofenmitte 10 Minuten backen.

4 Rost und Form aus dem Ofen nehmen und 2 Minuten stehen lassen. Waffelform auf den Rost stürzen und abheben. Waffeln weitere 10 Minuten backen, dann auf ein Gitter legen und abkühlen lassen.

5 Für die Heidelbeersahne die Sahne steif schlagen. Kalte Heidelbeeren durchrühren und vorsichtig unter die Sahne mischen. Waffeln mit Heidelbeersahne anrichten.

Mandelwaffeln mit Joghurt-Himbeer-Sahne

>> Knusprige Mandelblättchen in luftigem Waffelteig und als Krönung fruchtig-saure Beerensahne – diese Kombination ist unschlagbar!

1 Für die Waffeln die Mandelblättchen in einer Pfanne ohne Fett bei mittlerer Hitze unter Wenden hellbraun rösten. Herausnehmen und abkühlen lassen. Mehl, Puddingpulver und Backpulver mischen.

2 Eiweiß mit den Quirlen des Handrührgeräts steif schlagen. Butter, Backöl, Zucker und 1 Prise Salz mit den Quirlen 5 Minuten cremig aufschlagen. Eigelbe nacheinander je 30 Sekunden gut unterrühren. Mehlmischung abwechselnd mit der Milch unterrühren. Erst die Hälfte des Eischnees, dann den Rest und die Hälfte der Mandelblättchen mit einem Teigschaber unterheben.

3 Form auf den mit Backpapier belegten Ofenrost stellen. Mit den restlichen Mandeln ausstreuen. Teig in der Form verteilen. Im heißen Ofen bei 200 °C (Umluft 180 °C) in der Ofenmitte 10 Minuten backen.

4 Rost und Form aus dem Ofen nehmen und 2 Minuten stehen lassen. Waffelform auf den Rost stürzen und abheben. Waffeln weitere 10 Minuten backen, dann auf ein Gitter legen und abkühlen lassen.

5 Für die Joghurt-Himbeer-Sahne die Schlagsahne steif schlagen und vorsichtig mit dem Joghurt mischen. Gefrorene Himbeeren auf der Arbeitsfläche mit dem Boden eines Trinkglases grob zerstoßen und unter die Joghurtsahne mischen. Waffeln mit Puderzucker bestreuen und mit der Joghurt-Himbeer-Sahne anrichten.

TIPP Lassen Sie Ihrer Kreativität freien Lauf: Für den Teig können Sie auch Karamell- oder Sahnepuddingpulver verwenden. Und die Joghurtsahne können Sie auch mit Zitronen- oder Vanillejoghurt aromatisieren.

FÜR 4 WAFFELN

Ofenwaffeln

60 g Mandelblättchen

80 g Weizenmehl (Type 550)

1 Päckchen Vanillepuddingpulver (40 g)

1 gestrichener TL Backpulver

2 Eier (Kl. M, getrennt)

60 g weiche Butter

3 Tropfen Bittermandelbacköl

50 g Zucker

Salz

125 ml Milch

2 TL Puderzucker

Joghurt-Himbeer-Sahne

150 g Schlagsahne

150 g Naturjoghurt

150 g TK-Himbeeren

Zubereitungszeit: ca. 40 Min.

Joghurtwaffeln mit Erdbeersauce und Joghurtsahne

FÜR 4 WAFFELN

Erdbeersauce
350 g Erdbeeren
250 g Gelierzucker »ohne Kochen«

Ofenwaffeln
90 g Weizenmehl (Type 550)
1 Päckchen Vanillepuddingpulver (40 g)
1 TL Backpulver
2 Eier (Kl. M, getrennt)
60 g weiche Butter
50 g Zucker
Salz
1 TL fein abgeriebene Biozitronenschale
150 g Naturjoghurt

Joghurtsahne
100 g Schlagsahne
150 g Naturjoghurt

Zubereitungszeit: ca. 45 Min.

Dieses Rezept finden Sie auf dem Cover abgebildet.

» Das schmeckt nach mehr: Eine Sauce aus frischen Beeren zu lockeren Waffeln mit feinem Joghurt-Zitronen-Aroma – davon gibt's nie genug!

1 Für die Erdbeersauce die Erdbeeren verlesen, waschen, trockentupfen und klein schneiden. 200 Gramm Erdbeeren und den Gelierzucker in einem Rührbecher mit dem Schneidstab pürieren. Restliche Erdbeeren mit einer Gabel grob zerdrücken und unterrühren. Sauce kalt stellen.

2 Für die Waffeln Mehl, Pudding- und Backpulver mischen. Eiweiß steif schlagen. Butter, Zucker, 1 Prise Salz und Zitronenschale mit den Quirlen des Handrührgeräts 5 Minuten cremig aufschlagen. Eigelbe nacheinander je 30 Sekunden gut unterrühren. Mehlmischung abwechselnd mit dem Joghurt unterrühren. Erst die Hälfte des Eischnees untermengen, dann den Rest des Eischnees mit einem Teigschaber unterheben.

3 Form auf den mit Backpapier belegten Ofenrost stellen. Teig in der Form verteilen. Im heißen Ofen bei 200 °C (Umluft 180 °C) in der Ofenmitte 10 Minuten backen.

4 Rost und Form aus dem Ofen nehmen und 2 Minuten stehen lassen. Waffelform auf den Rost stürzen und abheben. Waffeln weitere 10 Minuten backen, dann auf ein Gitter legen und abkühlen lassen.

5 Für die Joghurtsahne die Schlagsahne steif schlagen und vorsichtig mit dem Joghurt mischen. Waffeln mit der Joghurtsahne und Erdbeersauce anrichten.

TIPP **Die restliche Erdbeersauce eignet sich hervorragend als Brotaufstrich oder für Quarkspeisen.**

Marzipanwaffeln mit Trockenobstkompott

>> Zurück in die Zukunft: Omas Backobst wird mit frischem Ingwer aufgepeppt und zum würzig-saftigen Waffelbegleiter. Am besten noch warm genießen.

1 Für das Kompott Backobst, Apfelsaft, 125 Milliliter Wasser und Zimtstange in einer Schüssel mischen. Ingwer dünn schälen und in feine Scheiben schneiden, unter das Backobst mischen und zugedeckt mindestens 8 Stunden durchziehen lassen.

2 Backobst in einem kleinen Topf zugedeckt aufkochen und bei geringer Hitze 8 bis 10 Minuten gerade eben kochen lassen – das Obst darf nicht zerfallen. Obst in ein Sieb gießen, Saft dabei auffangen. Saft erneut aufkochen. Stärke mit wenig Wasser verrühren. Unter den Saft rühren und aufkochen lassen. Backobst und Zitronensaft vorsichtig untermischen. Das Kompott abkühlen lassen.

3 Für die Waffeln Mehl, Pudding- und Backpulver mischen. Marzipan klein würfeln. Mit Butter und Zucker mit den Quirlen des Handrührgeräts 5 Minuten cremig aufschlagen. Eier nacheinander je 30 Sekunden gut unterrühren. Mehlmischung abwechselnd mit der Milch unterrühren.

4 Form auf den mit Backpapier belegten Ofenrost stellen. Teig in der Form verteilen. Im heißen Ofen bei 200 °C (Umluft 180 °C) in der Ofenmitte 10 Minuten backen.

5 Rost und Form aus dem Ofen nehmen und 2 Minuten stehen lassen. Waffelform auf den Rost stürzen und abheben. Waffeln weitere 10 Minuten backen, dann auf ein Gitter legen und abkühlen lassen. Mit dem Obstkompott anrichten.

FÜR 4 WAFFELN

Trockenobstkompott

250 g gemischtes Backobst
125 ml Apfelsaft
1 Zimtstange
20 g frische Ingwerwurzel
2 TL Speisestärke
2 EL Zitronensaft

Ofenwaffeln

80 g Mehl
1 Päckchen Sahnepuddingpulver (37 g)
1 TL Backpulver
60 g Marzipanrohmasse
60 g weiche Butter
50 g Zucker
2 Eier (Kl. M)
125 ml Milch

**Zubereitungszeit: ca. 40 Min.
(plus mind. 8 Std. Durchziehzeit)**

Buttermilch-Honig-Waffeln mit Minz-Aprikosen-Salat

FÜR 4 WAFFELN

Minz-Aprikosen

400 g Aprikosen
3 EL Zitronensaft
3 EL flüssiger Honig (z. B. Waldhonig)
5 Stiele Pfefferminze

Ofenwaffeln

100 g Dinkelmehl (Type 630)
25 g Speisestärke
1/2 TL Backpulver
2 Eier (Kl. M, getrennt)
60 g weiche Butter
70 g flüssiger Honig
Salz
125 ml Buttermilch

Zubereitungszeit: ca. 40 Min.

>> Drei, die sich mögen: Samtiger Honig umschmeichelt fruchtige Aprikosen, und Pfefferminze verleiht dem duftigen Obstsalat eine wunderbare Sommerfrische.

1 Für die Minz-Aprikosen die Aprikosen waschen, halbieren und entsteinen. Die Hälften in je 3 oder 4 Spalten schneiden. Zitronensaft, 1 Esslöffel kaltes Wasser und Honig verrühren. Aprikosen untermischen. Minzblättchen abzupfen, fein schneiden und unterheben.

2 Für die Waffeln Mehl, Stärke und Backpulver mischen. Eiweiß mit den Quirlen des Handrührgeräts steif schlagen. Butter, Honig und 1 Prise Salz mit den Quirlen 5 Minuten cremig aufschlagen. Eigelbe nacheinander je 30 Sekunden gründlich unterrühren. Mehlmischung abwechselnd mit der Buttermilch unterrühren.

3 Form auf den mit Backpapier belegten Ofenrost stellen. Teig in der Form verteilen. Im heißen Ofen bei 200 °C (Umluft 180 °C) in der Ofenmitte 10 Minuten backen.

4 Rost und Form aus dem Ofen nehmen und 2 Minuten stehen lassen. Waffelform auf den Rost stürzen und abheben. Waffeln weitere 10 Minuten backen, dann auf ein Gitter legen und abkühlen lassen. Waffeln mit Minz-Aprikosen-Salat anrichten.

Mohnwaffeln mit Amarenakirschcreme

FÜR 4 WAFFELN

Ofenwaffeln

2 Eier (Kl. M, getrennt)
60 g weiche Butter
50 g Zucker
Salz
1 TL fein abgeriebene Biozitronenschale
100 g Weizenmehl (Type 550)
1 TL Backpulver
125 ml Milch
1/2 Packung Mohnbackmasse (125 g)

Amarenakirschcreme

75 g Naturjoghurt
125 g Mascarpone
2 EL Zucker
60 g Amarenakirschen (aus dem Glas)

Zubereitungszeit: ca. 45 Min.

» Schnelle Mascarpone-Joghurt-Creme mit dunklen Sauerkirschen in Mandellikör zu saftigen Mohnwaffeln frisch aus dem Ofen – das ist Waffelgenuss par excellence.

1 Für die Waffeln das Eiweiß mit den Quirlen des Handrührgeräts steif schlagen. Butter, Zucker und 1 Prise Salz mit den Quirlen 5 Minuten cremig aufschlagen. Zitronenschale unterrühren. Eigelbe nacheinander je 30 Sekunden gut unterrühren. Mehl und Backpulver mischen. Abwechselnd mit der Milch unterrühren. Mohnbackmasse unterrühren. Erst die Hälfte des Eischnees unterheben, dann den Rest mit einem Teigschaber unterziehen.

2 Form auf den mit Backpapier belegten Ofenrost stellen. Teig in der Form verteilen. Im heißen Ofen bei 200 °C (Umluft 180 °C) in der Ofenmitte 10 Minuten backen.

3 Rost und Form aus dem Ofen nehmen und 2 Minuten stehen lassen. Waffelform auf den Rost stürzen und abheben. Waffeln weitere 10 Minuten backen, dann auf ein Gitter legen und abkühlen lassen.

4 Inzwischen für die Amarenakirschcreme Joghurt, Mascarpone und Zucker mit einem Schneebesen glatt rühren. Amarenakirschen mit einem Löffel unterziehen. Die Creme mit den Mohnwaffeln anrichten.

TIPP Wenn Sie keine Amarenakirschen bekommen, verwenden Sie einfach Kirschkonfitüre für die Creme.

Erdnussbutterwaffeln mit marinierten Heidelbeer-Bananen

>> Cremige Erdnussbutter im Teig lässt die frisch gebackenen Ofenwaffeln fein nussig duften, und ihre kleinen Stückchen steuern einen knusprigen Crunch bei.

1 Für die Heidelbeer-Bananen Zitronensaft, 1 Esslöffel kaltes Wasser und Honig verrühren. Bananen schälen, in dünne Scheiben schneiden und unterheben. Heidelbeeren verlesen, in einem Sieb abspülen und abtropfen lassen.

2 Für die Waffeln das Eiweiß mit den Quirlen des Handrührgeräts steif schlagen. Erdnussbutter, Öl, Zucker, Vanillezucker und 1 kräftige Prise Salz mit den Quirlen 5 Minuten cremig aufschlagen. Eigelbe nacheinander je 30 Sekunden gut unterrühren. Mehl und Backpulver mischen. Abwechselnd mit der Milch unterrühren.

3 Form auf den mit Backpapier belegten Ofenrost stellen. Teig in der Form verteilen. Im heißen Ofen bei 200 °C (Umluft 180 °C) in der Ofenmitte 10 Minuten backen.

4 Rost und Form aus dem Ofen nehmen und 2 Minuten stehen lassen. Waffelform auf den Rost stürzen und abheben. Waffeln weitere 10 Minuten backen, dann auf ein Gitter legen und abkühlen lassen.

5 Während der Backzeit die Heidelbeeren vorsichtig mit der Bananenmischung vermengen. Die abgekühlten Waffeln damit anrichten.

TIPP Außerhalb der Heidelbeersaison können Sie TK-Heidelbeeren verwenden. Dazu einfach die gefrorenen Beeren in einem Sieb auftauen lassen und ohne den Saft mit den Bananenscheiben mischen.

FÜR 4 WAFFELN

Heidelbeer-Bananen
2 EL Zitronensaft
2 EL flüssiger Honig
2 Bananen
200 g frische Heidelbeeren

Ofenwaffeln
2 Eier (Kl. M, getrennt)
75 g weiche Erdnussbutter (stückig)
3 EL neutrales Öl
50 g brauner Zucker
1 Päckchen Vanillezucker
Salz
125 g Weizenmehl (Type 550)
1 TL Backpulver
125 ml Milch

Zubereitungszeit: ca. 45 Min.

Lebkuchen-Sirup-Waffeln mit Bratäpfeln

FÜR 4 WAFFELN

Ofenwaffeln

100 g Mehl

25 g Speisestärke

1/2 TL Backpulver

1 gehäufter TL Lebkuchengewürz

60 g weiche Butter

60 g Rübensirup

Salz

2 Eier (Kl. M)

125 ml Milch

Bratäpfel

40 g Mandelblättchen

4 säuerliche Äpfel (à 200 g)

80 g Marzipanrohmasse

50 g weiche Butter

40 g Zucker

1/2 TL Zimtpulver

150 ml Apfelsaft

1 EL Zitronensaft

Zubereitungszeit: ca. 1:20 Std.

» Rübensirup und Lebkuchengewürz machen sich auf, die Waffelwelt zu erobern. Mit Bratäpfeln und Vanillesauce wahres Seelenfutter nach dem Winterspaziergang!

1 Für die Waffeln Mehl, Stärke, Backpulver und Lebkuchengewürz mischen. Butter, Rübensirup und 1 Prise Salz mit den Quirlen des Handrührgeräts 5 Minuten cremig aufschlagen. Eier nacheinander je 30 Sekunden gut unterrühren. Mehlmischung abwechselnd mit der Milch unterrühren.

2 Form auf den mit Backpapier belegten Ofenrost stellen. Teig in der Form verteilen. Im heißen Ofen bei 200 °C (Umluft 180 °C) in der Ofenmitte 10 Minuten backen.

3 Rost und Form aus dem Ofen nehmen und 2 Minuten stehen lassen. Waffelform auf den Rost stürzen und abheben. Waffeln weitere 10 Minuten backen, dann auf ein Gitter legen und abkühlen lassen.

4 Inzwischen für die Bratäpfel die Mandelblättchen in einer Pfanne ohne Fett goldbraun rösten, auf einem Teller abkühlen lassen. Äpfel waschen, trocknen, je einen Deckel abschneiden und Kerngehäuse ausstechen. Äpfel in eine Auflaufform setzen. Je 20 Gramm Marzipan in die Apfelöffnungen drücken.

5 Butter, 30 Gramm Zucker und Zimt verrühren, Mandelblättchen untermischen. Die Mandelbutter auf den Äpfeln verteilen. Apfel- mit Zitronensaft und dem restlichen Zucker aufkochen und über die Äpfel gießen.

6 Äpfel im heißen Ofen bei 200 °C (Umluft 180 °C) auf dem Rost in der Ofenmitte 25 Minuten backen. Deckel auf die Äpfel setzen und weitere 10 Minuten backen. Aus dem Ofen nehmen, kurz abkühlen lassen und mit den Waffeln anrichten.

Kokoswaffeln mit schnellem Mangoeis

>> Hoher Genussfaktor für Exotenfreunde: Kokosraspel knuspern im Teig, und auf den frisch gebackenen Waffeln schmilzt fruchtiges Mangoeis mit Limettenfrische.

1 Für das Mangoeis die Mangowürfel 20 bis 30 Minuten antauen lassen. Limette heiß waschen und abtrocknen. 2 Teelöffel Schale fein abreiben, 2 Esslöffel Limettensaft auspressen. 1 Teelöffel Limettenschale und Kokosraspel mischen und beiseite stellen. Restliche Schale, Joghurt, Mango, Puderzucker und Limettensaft im Mixer fein pürieren. Mangoeis in eine Schale geben und etwa 1 Stunde in den Tiefkühler stellen.

2 Für die Waffeln Kokosraspel in einer Pfanne ohne Fett unter Rühren bei mittlerer Hitze goldbraun rösten und auf einem Teller abkühlen lassen. Die Hälfte der Kokosraspel mit Mehl, Backpulver und 1 Prise Salz mischen. Mit einem Esslöffel 120 Gramm Kokossahne von der geöffneten Kokosmilchdose abschöpfen; die restliche Kokosmilch anderweitig verwenden.

3 Eier und Zucker mit den Quirlen des Handrührgeräts 5 Minuten cremig rühren. Öl nach und nach unterrühren. Mehlmischung abwechselnd mit der Kokossahne kurz unterrühren.

4 Form auf den mit Backpapier belegten Ofenrost stellen. Erst die restlichen Kokosraspel, dann den Teig in der Form verteilen. Im heißen Ofen bei 200 °C (Umluft 180 °C) in der Ofenmitte 10 Minuten backen.

5 Rost und Form aus dem Ofen nehmen und 2 Minuten stehen lassen. Waffelform auf den Rost stürzen und abheben. Waffeln weitere 10 Minuten backen. Auf ein Gitter legen und abkühlen lassen. Waffeln mit Mangoeis und mit Limetten-Kokosraspel bestreut anrichten.

FÜR 4 WAFFELN

Mangoeis

300 g TK-Mangowürfel

1 Biolimette

1 EL feine Kokosraspel

225 g Vanillejoghurt

40 g Puderzucker

Ofenwaffeln

40 g feine Kokosraspel

125 g Mehl

1/2 TL Backpulver

Salz

1 kleine Dose Biokokosmilch (200 ml; bitte nicht schütteln!)

2 Eier (Kl. M)

50 g Zucker

60 g Rapskernöl

Zubereitungszeit: ca. 1 Std. (plus ca. 1 Std. Kühlzeit)

Waffeln mal ganz anders

In Schweden ist am 25. März Waffeltag. Dann werden im ganzen Land Waffeln gebacken. Genau wie in den USA am 24. August, dem »National Waffle Day«. Aber zwei Tage im Jahr reichen einfach nicht aus, um Ofenwaffeln zu genießen. Legen Sie also los: Butterkuchen- oder Pastinakenwaffeln mit Schokocreme warten aufs Ausprobieren.

Kuhfleckenwaffeln mit Eierlikör-Vanille-Sauce

FÜR 4 WAFFELN

Ofenwaffeln

90 g Mehl
1 Päckchen Sahnepuddingpulver (37 g)
1 TL Backpulver
70 g weiche Butter
60 g Zucker
2 Eier (Kl. M)
120 ml Milch
2 EL Kakaopulver

Eierlikör-Vanille-Sauce

150 g Vanilleeis
100 g Schlagsahne
6 EL Eierlikör
bunte Zuckerstreusel (nach Belieben)

Zubereitungszeit: ca. 35 Min.

>> Mit diesen Ofenwaffeln liegen Sie bei Marmorkuchenliebhabern genau richtig. Und dazu zaubern Sie eine blitzschnelle Vanillesauce ohne Kochen!

1 Für die Waffeln Mehl, Pudding- und Backpulver mischen. Butter und Zucker mit den Quirlen des Handrührgeräts 5 Minuten cremig aufschlagen. Eier nacheinander je 30 Sekunden gut unterrühren. Mehlmischung abwechselnd mit 100 Millilitern Milch unterrühren.

2 Teig in 2 Portionen teilen. Unter 1 Portion abwechselnd Kakao und restliche Milch rühren. Form auf den mit Backpapier belegten Ofenrost stellen. Beide Teige jeweils abwechselnd esslöffelweise in der Form verteilen, sodass ein Kuhfleckenmuster entsteht. Im heißen Ofen bei 200 °C (Umluft 180 °C) in der Ofenmitte 10 Minuten backen.

3 Rost und Form aus dem Ofen nehmen und 2 Minuten stehen lassen. Waffelform auf den Rost stürzen und abheben. Die Waffeln weitere 10 Minuten backen.

4 Inzwischen für die Eierlikör-Vanille-Sauce das Vanilleeis in einem Rührbecher antauen lassen. Sahne steif schlagen. Eierlikör zum Eis geben und alles mit einem Schneidstab pürieren. Sahne mit einem Schneebesen unterheben. Die Eierlikör-Vanille-Sauce kalt stellen.

5 Waffeln auf ein Gitter legen und etwas abkühlen lassen. Mit der Eierlikör-Vanille-Sauce und bunten Streuseln (nach Belieben) servieren.

TIPP Wenn Kinder mitessen, ersetzen Sie den Eierlikör einfach durch Orangensaft.

Dieses Rezept finden Sie auf Seite 28 links abgebildet.

Waffellollis mit Schokolade und Zuckerstreuseln

>> Diese Waffeln haben Sti(e)l: Frisch gebacken werden sie mit Schokolade überzogen und mit buntem Streudekor garniert. Der Hit für Stehpartys!

1 Für die Waffeln Mehl und Backpulver mischen. Butter, Zucker und Vanillezucker mit den Quirlen des Handrührgeräts 5 Minuten cremig aufschlagen. Eier nacheinander je 30 Sekunden gut unterrühren. Mehlmischung abwechselnd mit saurer Sahne und Milch unterrühren.

2 Form auf den mit Backpapier belegten Ofenrost stellen. Teig in der Form verteilen. Im heißen Ofen bei 200 °C (Umluft 180 °C) in der Ofenmitte 10 Minuten backen.

3 Rost und Form aus dem Ofen nehmen und 2 Minuten stehen lassen. Waffelform auf den Rost stürzen und abheben. Waffeln weitere 10 Minuten backen, dann auf ein Gitter legen und abkühlen lassen.

4 Die abgekühlten Waffeln der Länge nach oder diagonal halbieren und je 1 Cakepop-Stiel in eine Waffelhälfte stecken. Lollis auf ein umgedrehtes, mit Backpapier belegtes Blech legen.

5 Für die Verzierung die Kuchenglasur in einer Metallschüssel über einem heißen Wasserbad schmelzen. Kuvertüre mit einem schweren Messer fein hacken und unter gelegentlichem Rühren in der Glasur auflösen.

6 Nacheinander je 1 Waffellolli am Stiel fassen und etwas Glasur mit Hilfe eines Löffels darauf verteilen. Lolli zurück auf das Blech legen und mit Zuckerstreuseln bestreut trocknen lassen.

TIPP Statt Cakepop-Stielen eignen sich auch Holzspieße oder flache Eisstiele.

Dieses Rezept finden Sie auf Seite 28 rechts abgebildet.

FÜR 8 LOLLIS

Ofenwaffeln
125 g Mehl
1/2 TL Backpulver
60 g weiche Butter
40 g Zucker
1 Päckchen Vanillezucker
2 Eier (Kl. M)
100 g saure Sahne
3–4 EL Milch

Verzierung
1 Packung Vollmilchkuchenglasur (100 g)
200 g Zartbitterkuvertüre
bunte Zuckerstreusel

Außerdem
8 Cakepop-Stiele

Zubereitungszeit: ca. 45 Min.

Apfel-Maismehl-Waffeln mit Frischkäse und Apfelgelee

FÜR 4 WAFFELN

Ofenwaffeln

1 säuerlicher Apfel (ca. 150 g, z. B. Elstar)

40 g Butter

100 g Maismehl (aus dem Naturkostladen)

1 TL Backpulver

1 gestrichener TL Zimtpulver

2 Eier (Kl. M)

40 g Rohrzucker

Salz

100 ml Milch

Garnierung

1 säuerlicher Apfel (ca. 150 g, z. B. Elstar)

200 g körniger Frischkäse

4 EL Apfelgelee

Zubereitungszeit: ca. 40 Min.

>> Glutenfrei heißt hier Maismehl plus Apfel hoch zwei. Saftiger Apfel im Waffelteig mit fein-knackigen Stiften obenauf – was für eine frische Kombination!

1 Für die Waffeln Apfel waschen und trocknen, ungeschält auf der groben Seite einer Vierkantreibe bis zum Kernhaus raspeln. In einem Sieb abtropfen lassen. Butter zerlassen und abkühlen lassen. Maismehl, Backpulver und Zimt mischen.

2 Eier, Rohrzucker und 1 Prise Salz mit den Quirlen des Handrührgeräts 3 bis 4 Minuten schaumig rühren. Milch unterrühren. Mehlmischung unterrühren. Erst die Butter kurz unterrühren, dann die Apfelraspel unterheben.

3 Form auf den mit Backpapier belegten Ofenrost stellen. Teig in der Form verteilen. Im heißen Ofen bei 200 °C (Umluft 180 °C) in der Ofenmitte 10 Minuten backen.

4 Rost und Form aus dem Ofen nehmen und 2 Minuten stehen lassen. Waffelform auf den Rost stürzen und abheben. Waffeln weitere 10 Minuten backen, dann auf ein Gitter legen und abkühlen lassen.

5 Für die Garnierung den Apfel waschen, trocknen und bis zum Kernhaus erst in dünne Scheiben, dann in feine Stifte schneiden. Waffeln mit körnigem Frischkäse, Apfelstiften und je 1 Esslöffel Apfelgelee anrichten.

Süße Maiswaffeln mit Avocado-Limetten-Creme

>> Zwillingspaar Nr. 1: Maisgrieß im Teig und Avocadocreme on top machen als süßes Paar eine klasse Figur. Herzhaft vereint finden Sie die beiden auf Seite 59 wieder.

1 Für die Waffeln Maisgrieß und Buttermilch in einer Rührschüssel mit einem Schneebesen verrühren und 30 Minuten quellen lassen.

2 Für die Avocadocreme die Avocado halbieren und entkernen. Fruchtfleisch mit einem großen Löffel aus der Schale heben. Mit dem Limettensaft in einen Rührbecher geben und mit einem Schneidstab fein pürieren. Frischkäse und Zucker zugeben und mit den Quirlen des Handrührgeräts glatt rühren.

3 Mehl und Backpulver mischen. Butter, Zucker, Vanillezucker und 1 Prise Salz mit den Quirlen des Handrührgeräts 5 Minuten cremig aufschlagen. Die Eier nacheinander je 30 Sekunden gründlich unterrühren. Mehlmischung abwechselnd mit der Maisgrießmischung unterrühren.

4 Form auf den mit Backpapier belegten Ofenrost stellen. Teig in der Form verteilen. Im heißen Ofen bei 200 °C (Umluft 180 °C) in der Ofenmitte 12 Minuten backen. Rost und Form aus dem Ofen nehmen und 2 Minuten stehen lassen. Waffelform auf den Rost stürzen und abheben. Waffeln weitere 10 Minuten backen, dann auf ein Gitter legen und abkühlen lassen.

5 Waffeln mit Avocadocreme anrichten und mit Pistazienkernen bestreuen. Nach Belieben mit Minzblättchen und Ahornsirup garnieren.

FÜR 4 WAFFELN

Ofenwaffeln
80 g Maisgrieß (Polenta)
150 ml Buttermilch
50 g Mehl
1/2 TL Backpulver
60 g weiche Butter
40 g Zucker
1 Päckchen Vanillezucker
Salz
2 Eier (Kl. M)

Avocadocreme
1 reife Avocado
3 EL frischer Limettensaft
175 g Doppelrahmfrischkäse
30 g Zucker
25 g gehackte Pistazienkerne
Pfefferminzblättchen und Ahornsirup (nach Belieben)

Zubereitungszeit: ca. 1:15 Std.

Milchreiswaffeln mit roter Beerengrütze

FÜR 4 WAFFELN

Ofenwaffeln

300 ml Milch

75 g Milchreis

Salz

1 TL fein abgeriebene Biozitronenschale

60 g Mehl

1/2 TL Backpulver

40 g weiche Butter

40 g Zucker

2 Eier (Kl. M)

Rote Beerengrütze

600 g gemischte Beeren (z. B. Erdbeeren, Johannisbeeren, Himbeeren)

300 ml schwarzer Johannisbeersaft

30 g Zucker

1/2 Päckchen Vanillepuddingpulver (20 g)

Zubereitungszeit: ca. 1:30 Std.

» Rote Grütze aus frischen Beeren schmeckt natürlich am besten. Außerhalb der Beerensaison ist eine TK-Beerenmischung aber ein guter Ersatz.

1 Für die Waffeln die Milch in einem kleinen Topf aufkochen. Reis und 1 kräftige Prise Salz zugeben und offen bei geringer Hitze unter gelegentlichem Rühren 25 bis 30 Minuten quellen lassen. Zitronenschale unterrühren und den Milchreis abkühlen lassen.

2 Für die rote Grütze die Beeren verlesen, abspülen und abtropfen lassen. Erdbeeren halbieren oder vierteln, Johannisbeeren von den Rispen streifen. 250 Milliliter Johannisbeersaft und Zucker aufkochen. Restlichen Saft und Puddingpulver mit einem Schneebesen verrühren. Unter Rühren in den kochenden Saft geben, kurz aufkochen und die Beeren unterheben. Die Grütze abkühlen lassen.

3 250 Gramm fertigen Milchreis abwiegen. Mehl und Backpulver mischen. Butter und Zucker mit den Quirlen des Handrührgeräts 5 Minuten cremig aufschlagen. Eier nacheinander je 30 Sekunden gut unterrühren. Erst den Milchreis, dann die Mehlmischung unterrühren.

4 Form auf den mit Backpapier belegten Ofenrost stellen. Teig in der Form verteilen. Im heißen Ofen bei 200 °C (Umluft 180 °C) in der Ofenmitte 10 Minuten backen.

5 Rost und Form aus dem Ofen nehmen und 2 Minuten stehen lassen. Waffelform auf den Rost stürzen und abheben. Waffeln weitere 10 Minuten backen, dann auf ein Gitter legen und kurz abkühlen lassen. Mit der roten Grütze anrichten.

TIPP Den Milchreis können Sie bereits am Vortag kochen und so die Zubereitungszeit für die eigentlichen Waffeln verkürzen.

Butterkuchenwaffeln mit knusprigen Nussblättchen

>> Der geht immer und ist lauwarm am allerbesten: luftig-buttriger Hefeteig mit knackigen Nussblättchen. Davon kriegt man nie genug.

1 Für die Waffeln das Mehl in eine Schüssel geben und in die Mitte eine Vertiefung drücken. Hefe hineinbröckeln. 1 Esslöffel Zucker und 5 Esslöffel Milch zugeben und mit etwas Mehl vom Rand bedecken. Den Vorteig abgedeckt an einem warmen Ort 20 Minuten gehen lassen.

2 Haselnussblättchen in einer kleinen Pfanne ohne Fett unter Rühren goldbraun rösten und auf einem Teller abkühlen lassen. Butter in der heißen Pfanne zerlassen. Form mit etwas Butter ausstreichen. Mit Nussblättchen ausstreuen und kalt stellen. Restliche Milch zur Butter in der Pfanne geben und die Mischung beiseite gestellt abkühlen lassen, bis sie lauwarm ist.

3 3 Esslöffel Zucker, 1 Prise Salz, Zitronenschale, Ei und Buttermischung zum Vorteig geben und mit den Knethaken des Handrührgeräts 6 bis 8 Minuten zu einem weichen, glatten, glänzenden Teig verkneten. Zugedeckt an einem warmen Ort 1 Stunde gehen lassen.

4 Form auf den mit Backpapier belegten Ofenrost stellen. Teig mit einem Rührlöffel nochmals gut durchschlagen und in der Form verteilen. Abgedeckt 20 Minuten gehen lassen (siehe Tipp). Im heißen Ofen bei 200 °C (Umluft 180 °C) in der Ofenmitte 12 Minuten backen.

5 Rost und Form aus dem Ofen nehmen und 2 Minuten stehen lassen. Waffelform auf den Rost stürzen und abheben. Waffeln mit dem restlichen Zucker bestreuen und weitere 10 bis 12 Minuten backen, dann auf ein Gitter legen. Noch leicht warm schmecken sie am besten.

TIPP Zum Abdecken der gefüllten Form nehmen Sie eine umgedrehte große Auflaufform oder ein tiefes Backblech.

FÜR 4 WAFFELN

Ofenwaffeln

200 g Weizenmehl (Type 550)

10 g frische Hefe

5 EL Zucker (60 g)

125 ml Milch

50 g Haselnussblättchen (oder Mandelblättchen)

50 g Butter

Salz

1 TL fein abgeriebene Biozitronenschale

1 Ei (Kl. M)

Hinweis: Dieses Rezept lässt sich leider nicht verdoppeln.

Zubereitungszeit: ca. 40 Min. (plus 1 : 40 Std. Gehzeit)

Dieses Rezept finden Sie auf Seite 2 rechts abgebildet.

Waffogato – Vanilleeiswaffeln mit Kaffee

FÜR 4 WAFFELN

330 g Schlagsahne (35 % Fett)
2 Eigelb (Kl. M)
2 EL Milch
2 Päckchen Vanillezucker
30 g Zucker
heißer Espresso

Zubereitungszeit: ca. 25 Min. (plus mind. 4 Std. Gefrierzeit)

» Ein Espresso mit einer Kugel Vanilleeis heißt in Italien »Affogato«. Weil hier der Kaffee mit geeisten Waffeln zubereitet wird, heißt die Spezialität »Waffogato«.

1 Die Sahne mit den Quirlen des Handrührgeräts steif schlagen und kalt stellen. Eigelb, Milch, Vanillezucker und Zucker in eine bauchige Metallschüssel geben. Einen Topf, in den die Schüssel passt, 3 Zentimeter hoch mit Wasser füllen und dieses aufkochen.

2 Schüssel auf den Topf setzen und die Eigelbmischung mit den Quirlen des Handrührgeräts 3 bis 4 Minuten aufschlagen, bis die Masse dickcremig und heiß ist. Schüssel vom Wasserbad nehmen und in kaltes Wasser stellen. Masse abkühlen lassen, dabei gelegentlich mit einem Schneebesen durchrühren.

3 1/3 Schlagsahne unterrühren. Restliche Sahne mit dem Schneebesen unterheben. Eismasse in der Form verteilen und für mindestens 4 Stunden in den Tiefkühler stellen. Bitte darauf achten, dass die Form gerade steht.

4 Form auf die Arbeitsfläche stürzen und vorsichtig abheben. Nicht benötigte Eiswaffeln sofort nebeneinander liegend in einem Gefrierbeutel o. Ä. einfrieren. Restliche Waffeln der Länge nach halbieren und in je 1 Glas geben. Mit je 80 bis 100 Millilitern heißem Espresso auffüllen.

VARIANTEN Für Nuss- oder Mandeleiswaffeln: Jeweils 75 Gramm gemahlene Haselnüsse oder Mandeln in einer Pfanne ohne Fett bei mittlerer Hitze unter Rühren anrösten und auf einem Teller abkühlen lassen. Mit der Sahne unter die geschlagene Eigelbmasse heben.

Waffel-Schoko-Nuss-Parfait

>> Eiskalter Genuss: leichte Biskuitwaffeln, in Form gebracht mit Schokoladenparfait und extra Nuss. Wer kann dazu schon Nein sagen?

1 Für die Waffeln Mehl und Backpulver mischen. Eiweiß und 2 Teelöffel Zucker mit den Quirlen des Handrührgeräts steif schlagen. Eigelbe, restlichen Zucker, Vanillezucker und 2 Esslöffel heißes Wasser mit den Quirlen 5 Minuten schaumig schlagen. Die Hälfte des Eischnees vorsichtig unterrühren. Erst den restlichen Eischnee, dann die Mehlmischung zugeben und mit einem Schneebesen vorsichtig unterheben.

2 Form auf den mit Backpapier belegten Ofenrost stellen. Teig mit einem Teigschaber in der Form verstreichen. Im heißen Ofen bei 200 °C (Umluft 180 °C) in der Ofenmitte 8 bis 10 Minuten backen. Waffeln in der Form auf einem Gitter abkühlen lassen.

3 Für das Parfait die Kuvertüre fein hacken und in einer Metallschüssel über einem heißen Wasserbad unter gelegentlichem Rühren schmelzen. Kuvertüre beiseite stellen. Sahne steif schlagen. Eigelb, Milch, Vanillezucker und Zucker in eine bauchige Metallschüssel geben und mit den Quirlen des Handrührgeräts über dem fast kochenden Wasserbad 3 bis 4 Minuten aufschlagen, bis die Masse dickcremig und heiß ist. Schüssel in ein kaltes Wasserbad stellen. Masse 2 bis 3 Minuten kalt rühren. Erst Kuvertüre, dann ein Drittel der Sahne unterrühren. Restliche Sahne und Nüsse mit einem Schneebesen unterheben.

4 Gefrierbeutel aufschneiden und die Kastenform damit auslegen. Waffeln aus der Form lösen. 1 Waffel quer in 3 Teile schneiden. 1 Waffel und 1 Waffelstück mit der Gitterseite nach unten in die Form legen. Hälfte der Parfaitmasse darauf geben. Vorgang wiederholen und mit Waffeln abschließen. Form vorsichtig auf die Arbeitsfläche klopfen, sodass Luftblasen entweichen können. Parfait mindestens 6 Stunden tieffrieren.

5 Für die Verzierung die Kuchenglasur in einer Metallschüssel über einem heißen Wasserbad schmelzen. Kuvertüre fein hacken und unter gelegentlichem Rühren in der Glasur auflösen. Parfait aus der Form auf eine Platte stürzen und die Glasur streifenartig darüber verteilen.

FÜR 6–8 PORTIONEN

Ofenwaffeln
75 g Mehl
1 Messerspitze Backpulver
2 Eier (Kl. M, getrennt)
1 Eiweiß (Kl. M)
50 g Zucker
1 Päckchen Vanillezucker

Parfait
80 g Bitterkuvertüre
200 g Schlagsahne (35 % Fett)
1 Eigelb (Kl. M)
1 EL Milch
1 Päckchen Vanillezucker
20 g Zucker
25 g geröstete, gehackte Haselnusskerne

Verzierung
40 g Vollmilchkuchenglasur
70 g Bitterkuvertüre

Außerdem
Kastenform (20 cm lang)
1 mittelgroßer Gefrierbeutel

Zubereitungszeit: ca. 1 Std. (plus mind. 6 Std. Gefrierzeit)

Sesam-Bananen-Waffeln mit Schokoladen-Cashew-Creme

FÜR 4 WAFFELN

Ofenwaffeln

1 gehäufter EL geschälte Sesamsaat

1 kleine reife Banane (130 g mit Schale)

50 g Zucker

70 g Margarine

130 g Mehl

1 TL Backpulver

Salz

100 ml Hafermilch

Schokoladen-Cashew-Creme

100 g vegane Bitterkuvertüre

100 g vegane Sahne
(18 % Fett, »Kochcreme«)

2 EL Cashewnussmus

Zubereitungszeit: ca. 40 Min.

>> Auf jeden Fall vegan: Bei diesen saftigen Ofenwaffeln sind Bananenteig und Cashewcreme frei von tierischen Produkten. Ungeahnt köstlich!

1 Für die Waffeln den Sesam in einer Pfanne ohne Fett unter Rühren anrösten, dann auf einem Teller abkühlen lassen. In einer Rührschüssel die Banane mit einer Gabel zerdrücken. Mit Zucker und Margarine mit den Quirlen des Handrührgeräts schaumig rühren.

2 Mehl, Backpulver, 1 Prise Salz sowie den Sesam (1/2 TL für die Form übrig lassen) mischen und zusammen mit der Hafermilch unter die Bananenmasse rühren.

3 Form auf den mit Backpapier belegten Ofenrost stellen. Mit dem restlichen Sesam ausstreuen. Teig in der Form verteilen. Im heißen Ofen bei 200 °C (Umluft 180 °C) in der Ofenmitte 10 Minuten backen.

4 Rost und Form aus dem Ofen nehmen und 2 Minuten stehen lassen. Waffelform auf den Rost stürzen und abheben. Waffeln weitere 10 Minuten backen, dann auf ein Gitter legen und abkühlen lassen.

5 Für die Schokoladen-Cashew-Creme die Kuvertüre mit einem schweren Messer fein hacken. Kochcreme in einem kleinen Topf kurz aufkochen lassen. Vom Herd nehmen und die Kuvertüre unter vorsichtigem Rühren mit einem Schneebesen in der Kochcreme auflösen. Cashewnussmus unterrühren. Waffeln mit der lauwarmen Schokoladen-Cashew-Creme anrichten.

TIPP Schneiden Sie 1 oder 2 Bananen in Scheiben und richten Sie die Waffeln zusätzlich damit an.

Zitronen-Pistazien-Waffeln mit Physaliskompott

>> Zitrusfröhlichkeit: Zitronat, Zitronensaft und frische Schale im Waffelteig, gepaart mit Zitronenmelisse im Kompott – da lacht das Veganerherz vergnügt.

1 Für das Kompott die Zitrone heiß waschen und abtrocknen. 2 Teelöffel Schale fein abreiben und für die Waffeln beiseite stellen. Restliche Schale am besten mit einem Sparschäler möglichst in einem Streifen abschälen. 3 Esslöffel Zitronensaft auspressen. Physalis aus der Umhüllung nehmen und je nach Größe halbieren oder vierteln. In einem kleinen Topf Zucker, Apfel- und 1 Esslöffel Zitronensaft unter Rühren kurz aufkochen. Physalis und Zitronenschalenstreifen zugeben. Speisestärke in wenig kaltem Wasser glatt rühren und unter Rühren zugeben. Kurz aufkochen und in einer Schüssel abkühlen lassen.

2 Für die Waffeln Zitronat sehr fein hacken. Mehl, Backpulver, Zucker, 1 Prise Salz, Pistazien, Zitronenschale und Zitronat in einer Rührschüssel mischen. Hafermilch zügig mit einem Schneebesen unter die Mehlmischung rühren, sodass ein glatter Teig entsteht. Erst 2 Esslöffel Zitronensaft, dann das Öl einarbeiten.

3 Form auf den mit Backpapier belegten Ofenrost stellen. Teig in der Form verteilen. Im heißen Ofen bei 200 °C (Umluft 180 °C) in der Ofenmitte 15 Minuten backen.

4 Rost und Form aus dem Ofen nehmen und 2 Minuten stehen lassen. Waffelform auf den Rost stürzen und abheben. Waffeln weitere 10 Minuten backen, dann auf ein Gitter legen und abkühlen lassen. Die Waffeln mit Kompott und eventuell mit abgezupften Zitronenmelisseblättchen anrichten.

TIPP Wunderbar cremig wird das Kompott, wenn Sie 2 Esslöffel Sojajoghurt unter das Physaliskompott heben.

FÜR 4 WAFFELN

Physaliskompott

1 Biozitrone

150 g Physalis

1 EL Zucker

75 ml Apfelsaft

1 TL Speisestärke

2 Stiele Zitronenmelisse (nach Belieben)

Ofenwaffeln

50 g Zitronat

140 g Mehl

1 1/2 TL Backpulver

60 g Zucker

Salz

1/2 Päckchen gehackte Pistazienkerne (ca. 12 g)

150 ml Hafermilch, ungesüßt

60 ml Sonnenblumenöl

Zubereitungszeit: ca. 45 Min.

Dieses Rezept finden Sie auf Seite 2 oben links abgebildet.

Pastinakenwaffeln mit Schokoladencreme

>> Statt Pastinake können Sie auch Möhren nehmen, dazu eine Creme aus 300 Gramm weißer Kuvertüre und Sahne. Schmeckt toll mit gehackten Pistazien darauf!

1 Für die Schokoladencreme Vollmilch- und 100 Gramm Bitterkuvertüre mit einem schweren Messer hacken. Sahne aufkochen, von der Kochstelle nehmen. Kuvertüre darin unter gelegentlichem Rühren schmelzen lassen. Sahnemischung in einer Schüssel abkühlen lassen und mindestens 8 Stunden abgedeckt kalt stellen.

2 Für die Waffeln Pastinake waschen, putzen, schälen und auf der feinen Seite einer Vierkantreibe reiben. Mehl und Backpulver mischen.

3 Eiweiß mit den Quirlen des Handrührgeräts steif schlagen. Butter, Zucker, Vanillezucker und 1 Prise Salz mit den Quirlen 5 Minuten cremig aufschlagen. Eigelb und Orangenabrieb 30 Sekunden gut unterrühren. Mehlmischung abwechselnd mit der Buttermilch unterrühren. Pastinakenraspel unterrühren. Eischnee mit einem Teigschaber unterheben.

4 Form auf den mit Backpapier belegten Ofenrost stellen. Teig in der Form verteilen. Im heißen Ofen bei 200 °C (Umluft 180 °C) in der Ofenmitte 12 Minuten backen.

5 Rost und Form aus dem Ofen nehmen und 2 Minuten stehen lassen. Waffelform auf den Rost stürzen und abheben. Waffeln weitere 10 Minuten backen, dann die Waffeln auf ein Gitter legen und abkühlen lassen.

6 Restliche Bitterkuvertüre hacken. Heiß abgewaschene Orangen mit einem scharfen Messer so schälen, dass die weiße Haut mitentfernt wird. Orangenfilets zwischen den Trennhäuten herausschneiden. Schokoladensahne mit den Quirlen des Handrührgeräts auf mittlerer Stufe nur kurz aufschlagen. Waffeln mit Schokoladencreme und Orangenfilets anrichten und mit gehackter Kuvertüre bestreuen.

FÜR 4 WAFFELN

Schokoladencreme

100 g Vollmilchkuvertüre
150 g Bitterkuvertüre
200 g Schlagsahne
2 Bioorangen

Ofenwaffeln

1 Pastinake (ca. 120 g)
125 g Weizenmehl (Type 550)
1 TL Backpulver
1 Ei (getrennt, Kl. M)
60 g weiche Butter
50 g Zucker
1 Päckchen Vanillezucker
Salz
1 TL fein abgeriebene Bioorangenschale
100 ml Buttermilch

Zubereitungszeit: ca. 50 Min. (plus mind. 8 Std. Kühlzeit)

Herzhafte Ofenwaffeln

Schon die Brüder Grimm kannten Waffeln, die zu besonderen Gelegenheiten gebacken wurden. Dass Waffeln immer süß sein müssen, ist jedoch ein Märchen. Gelegenheiten für pikante Ofenwaffeln finden sich schnell: Pizzawaffeln zum Abendessen, Waffel-Burger als Partyfood oder Maiswaffeln mit Avocadocreme als Imbiss fürs Büro. Einfach ausprobieren und genießen!

Tomatensuppe mit Parmesanwaffeln

FÜR 4 WAFFELN

Ofenwaffeln

100 g Weizenmehl (Type 550)
1 TL Backpulver
50 g weiche Butter
Salz
2 Eier (Kl. M)
250 g Ricotta
50 g Parmesankäse (frisch gerieben)
4 EL Milch
1/2 Bund Schnittlauch, in feinen Röllchen

Tomatensuppe (4 Portionen)

50 g Weißbrot
je 1 Zwiebel, Knoblauchzehe
2 EL Olivenöl
je 1 TL Paprikapulver edelsüß, Zucker
2 Dosen stückige Tomaten (à 400 g)
500 ml Tomatensaft
350 ml Gemüsebrühe
Salz, Pfeffer
1 TL fein abgeriebene Biozitronenschale
3 Stiele Basilikum

**Zubereitungszeit:
ca. 1:15 Std.**

» Pikante Zwei-Käse-hoch-Begleiter: Mit Ricotta und Parmesan im Teig schmeicheln die Waffelecken der Tomatensuppe, lassen sich aber auch solo vernaschen.

1 Für die Waffeln Mehl und Backpulver mischen. Butter und etwas Salz mit den Quirlen des Handrührgeräts 5 Minuten cremig schlagen. Jedes Ei 30 Sekunden unterrühren. Nacheinander 125 Gramm Ricotta, Parmesan und abwechselnd Mehlmischung und Milch unterrühren. Die Schnittlauchröllchen untermischen.

2 Form auf den mit Backpapier belegten Ofenrost stellen. Teig in der Form verteilen. Im heißen Ofen bei 200 °C (Umluft 180 °C) in der Ofenmitte 10 Minuten backen.

3 Rost und Form aus dem Ofen nehmen und 2 Minuten stehen lassen. Form auf den Rost stürzen und abheben. Waffeln weitere 10 Minuten backen, dann auf ein Gitter legen und abkühlen lassen.

4 Inzwischen für die Suppe das Brot im Mixer fein zerkleinern. Zwiebel und Knoblauch abziehen, beides fein würfeln. Öl in einem mittelgroßen Topf erhitzen, Zwiebel darin bei mittlerer Hitze unter Rühren glasig dünsten. Knoblauch kurz mitdünsten, Paprikapulver und Zucker unterrühren.

5 Tomaten und Brotbrösel unterrühren. Tomatensaft und Brühe zugeben, salzen und pfeffern. Zugedeckt aufkochen und bei geringer Hitze 10 Minuten köcheln lassen.

6 Inzwischen den restlichen Ricotta mit Zitronenschale verrühren. Abgezupfte Basilikumblättchen fein schneiden und untermengen. Suppe im Mixer oder mit einem Schneidstab fein pürieren. Mit Basilikum-Ricotta garnieren und mit den Waffeln anrichten.

Dieses Rezept finden Sie auf Seite 46 rechts abgebildet.

Focaccia-Waffeln mit Fenchel-Radicchio-Salat

>> Bella Focaccia! Hier kommt das italienische Fladenbrot als Waffel daher. Wer keine Oliven möchte, knetet klein geschnittene, getrocknete Tomaten unter den Teig.

1 Für die Waffeln Mehl und Kräuter in einer Schüssel mischen. In die Mitte eine Vertiefung drücken. Hefe hineinbröckeln. Zucker und 4 Esslöffel Wasser zugeben und mit etwas Mehl vom Rand bedecken. Den Vorteig abgedeckt an einem warmen Ort 20 Minuten gehen lassen.

2 Oliven längs und quer halbieren. 100 Milliliter handwarmes Wasser zum Vorteig geben und mit den Knethaken des Handrührgeräts 5 Minuten verkneten. 2 kräftige Prisen Salz und 2 Esslöffel Olivenöl zugeben, 3 Minuten weiterkneten. Oliven unterarbeiten. Teig zu einer Kugel formen. In der Schüssel abgedeckt 1 Stunde gehen lassen. Restliches Öl in der Form verstreichen.

3 Inzwischen den Fenchel waschen, putzen, ohne Strunk in feine Scheiben hobeln und in eine Schüssel geben. Zitronenabrieb und -saft, 4 Esslöffel Wasser, 1/2 Teelöffel Salz, Honig und Öl zum Fenchel geben, mit den Händen 2 bis 3 Minuten kräftig durchkneten und abgedeckt beiseite stellen.

4 Teig auf die leicht bemehlte Arbeitsfläche geben und mit bemehlten Händen leicht in Größe der Form drücken. Teig in die Form legen und abgedeckt (siehe Tipp Seite 37) weitere 20 Minuten gehen lassen. Form auf den mit Backpapier belegten Ofenrost stellen. Waffeln im heißen Ofen bei 200 °C (Umluft 180 °C) in der Ofenmitte 12 Minuten backen.

5 Rost und Form aus dem Ofen nehmen und 2 Minuten stehen lassen. Waffelform auf den Rost stürzen und abheben, dann weitere 10 Minuten backen. Auf einem Gitter ganz abkühlen lassen.

6 Radicchio waschen, putzen und vierteln. Viertel ohne den Strunk quer in fingerdicke Streifen schneiden und mit dem Fenchel mischen. Waffeln nach Belieben in kurze Streifen schneiden und mit dem Salat anrichten.

FÜR 4 WAFFELN

Focaccia-Waffeln

200 g Dinkelmehl (Type 630)
2 TL getrocknete italienische Kräuter
10 g frische Hefe
1/2 TL Zucker
100 g grüne Oliven (ohne Stein)
Salz
4 EL Olivenöl

Fenchel-Radicchio-Salat

1–2 Fenchelknollen (ca. 300 g)
1 TL fein abgeriebene Biozitronenschale
3 EL frisch gepresster Zitronensaft
Salz
1 TL flüssiger Honig
4 EL Olivenöl
1 Radicchio (ca. 180 g)

Hinweis: Dieses Rezept lässt sich leider nicht verdoppeln.

Zubereitungszeit: ca. 40 Min. (plus 1:40 Std. Gehzeit)

Dieses Rezept finden Sie auf Seite 46 links abgebildet.

Zwiebelwaffeln mit Leberkässalat

FÜR 4 WAFFELN

Leberkässalat

250 g Leberkäse (in dünnen Scheiben)

100 g Gewürzgurken (aus dem Glas)
+ 3 EL -sud

1 Minigurke (ca. 150 g)

6 Radieschen

1 Zwiebel

1 gehäufter TL Senf

2 EL Weißweinessig

Salz

Pfeffer

4 EL Öl nach Wahl

1 Beet Gartenkresse

Ofenwaffeln

100 g Dinkelmehl (Type 630)

25 g Speisestärke

1 TL Backpulver

1/2 TL gemahlener Kümmel

1 TL getrockneter Majoran

75 g weiche Butter

Salz

2 Eier (Kl. M)

100 ml Milch

40 g Röstzwiebeln

Zubereitungszeit: ca. 1 Std.

➤➤ Gartensnack auch ohne Bier: Herzhafte Röstzwiebelwaffeln geben sich ein zünftiges Stelldichein mit Leberkäs' und zweierlei Gurken.

1 Für den Leberkässalat den Leberkäse in 1 Zentimeter breite Streifen schneiden. Gewürzgurken in Scheiben schneiden. Gurke waschen und streifig schälen, gewaschene Radieschen putzen. Beides in feine Scheiben hobeln oder schneiden. Abgezogene Zwiebel fein würfeln, in einem Sieb mit kochend heißem Wasser überbrühen, abschrecken und abtropfen lassen.

2 Senf, Essig, Gurkensud, Salz und Pfeffer in einer Schüssel mischen. Öl mit einem Schneebesen unterschlagen. Nacheinander Zwiebel, Leberkäse, Gurken und Radieschen unterheben. Salat abgedeckt beiseite stellen.

3 Für die Waffeln Mehl, Stärke, Backpulver, Kümmel und Majoran mischen. Butter und 1/2 Teelöffel Salz mit den Quirlen des Handrührgeräts 5 Minuten cremig aufschlagen. Eier nacheinander je 30 Sekunden gut unterrühren. Die Mehlmischung abwechselnd mit der Milch unterrühren. Röstzwiebeln unterheben.

4 Form auf den mit Backpapier belegten Ofenrost stellen. Teig in der Form verteilen. Im heißen Ofen bei 200 °C (Umluft 180 °C) in der Ofenmitte 10 Minuten backen.

5 Rost und Form aus dem Ofen nehmen und 2 Minuten stehen lassen. Waffelform auf den Rost stürzen und abheben. Waffeln weitere 10 Minuten backen, dann auf ein Gitter legen und abkühlen lassen.

6 Kresse vom Beet schneiden und unter den Leberkässalat mischen. Mit den Röstzwiebelwaffeln anrichten.

Ofenwaffel-Burger mit knusprigem Speck

FÜR 4 BURGER

Burgerfüllung

400 g mageres Rinderhackfleisch
Salz, Pfeffer
Tabasco
2 Tomaten
125 g Frühstücksspeck (Bacon)
4–6 TL Ketchup
4–6 TL Senf
80 g Gewürzgurkenscheiben
(aus dem Glas)

Ofenwaffeln

100 g Mehl
40 g Speisestärke
1 TL Backpulver
2 Eier (Kl. M)
90 g Delikatessmayonnaise
Salz
Zucker
6 EL Milch

Außerdem

4 Holzspieße

Zubereitungszeit: ca. 50 Min.

» Das Runde muss ins Eckige! Servieren Sie würzige Buletten in der dreieckigen Waffel-variante. Praktisch: Mayonnaise im Teig macht den Burger fluffig und saftig zugleich.

1 Für die Burgerfüllung Hackfleisch mit Salz, Pfeffer und etwas Tabasco würzen. Hackmasse in 4 Portionen teilen und mit feuchten Händen 4 Hacktaler formen. Auf Backpapier 30 Minuten kalt stellen.

2 Für die Waffeln Mehl, Stärke und Backpulver mischen. In einer Schüssel Eier, Mayonnaise, etwas Salz und 1 Prise Zucker mit den Quirlen des Hand-rührgeräts verrühren. Mehlmischung abwechselnd mit Milch unterrühren. Form auf den mit Backpapier belegten Rost stellen. Teig in der Form verteilen. Im heißen Ofen bei 200 °C (Umluft 180 °C) in der Ofenmitte 10 Minuten backen.

3 Rost und Form aus dem Ofen nehmen und 2 Minuten stehen lassen. Waf-felform auf den Rost stürzen und abheben. Waffeln weitere 10 Minuten backen, dann auf ein Gitter legen und abkühlen lassen.

4 Inzwischen die gewaschenen Tomaten in dünne Scheiben schneiden. Speck in einer großen beschichteten Pfanne bei mittlerer bis starker Hitze knusprig braten, herausheben und warm stellen. Hacktaler im Bratfett auf jeder Seite 2 bis 3 Minuten ebenso braten.

5 Waffeln diagonal halbieren. 4 Waffeldreiecke auf der glatten Seite mit Ket-chup bestreichen und mit Tomaten belegen. Je 1 Hacktaler daraufsetzen und mit Gurken belegen. Glatte Seite der restlichen Dreiecke mit Senf bestrei-chen und als Deckel aufsetzen. Mit Speck belegen, mit je 1 Spieß fixieren.

TIPP Dazu passen Kartoffelchips sehr gut. Außerdem sind gebrate-ne Tomaten lecker: Tomaten waagerecht halbieren, mit wenig Zucker, Salz und Pfeffer würzen, auf den Schnittflächen im Speckfett kurz braten, mit etwas getrocknetem Thymian bestreuen.

Haferflockenwaffeln mit Gurken-Lachs-Salat

>> Geröstete Haferflocken und kräftiges Weizenmehl geben den Waffeln ein herzhaftes Aroma – die perfekte Basis für asiawürzigen Gurken-Lachs-Salat mit Biss.

1 Für den Salat 1 Esslöffel Soja- und Chilisauce verrühren. Lachs in 4 gleich große Stücke schneiden, rundherum mit der Saucenmischung bestreichen und auf ein gefettetes Blech setzen. Unter dem vorgeheizten Backofengrill auf der zweiten Schiene von oben 8 Minuten grillen, dabei 1-mal wenden. Lachs auf einem Teller abkühlen lassen.

2 Inzwischen für die Waffeln Haferflocken in einer Pfanne ohne Fett unter Rühren bei mittlerer Hitze rösten, bis sie anfangen zu duften. Mit Mehl, Backpulver und je 1 kräftigen Prise Salz und Zucker mischen.

3 Eiweiß mit den Quirlen des Handrührgeräts steif schlagen. Eigelbe und Öl verrühren. Mehlmischung abwechselnd mit der (Hafer-)Milch unterrühren. Die Hälfte vom Eischnee vorsichtig unterrühren, restlichen Eischnee mit einem Teigschaber unterheben.

4 Form auf den mit Backpapier belegten Ofenrost stellen. Teig in der Form verteilen. Im heißen Ofen bei 200 °C (Umluft 180 °C) in der Ofenmitte 10 Minuten backen.

5 Rost und Form aus dem Ofen nehmen und 2 Minuten stehen lassen. Waffelform auf den Rost stürzen und abheben. Waffeln weitere 10 Minuten backen, dann auf ein Gitter legen und abkühlen lassen.

6 Restliche Sojasauce, Limettensaft und Cayennepfeffer verrühren. Öl mit einem Schneebesen unterschlagen. Ingwer dünn schälen, fein reiben und untermischen. Gurke streifig schälen, Paprika putzen, vierteln und entkernen. Gurke in dünne Scheiben, Paprika in Streifen hobeln oder schneiden und untermischen. Korianderblättchen abzupfen. Lachs mit 2 Gabeln zerpflücken. Koriander und Lachs unter den Salat heben und mit den Waffeln anrichten.

FÜR 4 WAFFELN

Gurken-Lachs-Salat

3 EL Sojasauce

2 EL süß-scharfe Chilisauce

300 g Lachsfilet (ohne Haut)

2 EL Limettensaft

1/4 TL Cayennepfeffer

3 EL Rapskernöl

20 g frische Ingwerwurzel

1/2 Salatgurke (ca. 200 g)

1 kleine rote Paprikaschote

8 Stiele Koriander

Ofenwaffeln

50 g feine Haferflocken

100 g Weizenmehl (Type 1050)

1 TL Backpulver

Salz

Zucker

2 Eier (Kl. M, getrennt)

60 g Rapskernöl

125 ml Hafermilch (oder Milch)

Zubereitungszeit: ca. 1 Std.

Pizzawaffeln mit Rucola und rohem Schinken

FÜR 4 WAFFELN

Ofenwaffeln

60 g Weizenmehl (Type 1050)

1 TL Backpulver

40 g Kartoffelpüreepulver
(aus einem Beutel für 500 ml Flüssigkeit)

Salz

150 ml Milch

2 Eier (Kl. M)

60 g Olivenöl

Pizzasauce und Belag

1/2 Packung stückige Tomaten (250 g)

125 g Mozzarella

1 Knoblauchzehe

1 gehäufter TL getrockneter Oregano

Salz

Pfeffer

Zucker

1/2 – 1 Bund Rucola

80 g Parma- oder Serranoschinken

Zubereitungszeit: ca. 1 Std.

>> Hiermit machen Sie dem Pizzabäcker um die Ecke fast Konkurrenz. Der saftig-locke-re Kartoffelteig wird nach dem Backen mit Rucola und Schinken belegt.

1 Für die Waffeln Mehl, Backpulver, Kartoffelpüreepulver und 1/2 Teelöffel Salz mischen. Milch, Eier und Olivenöl in einer Schüssel verrühren. Mehlmischung mit den Quirlen des Handrührgeräts kurz unterrühren. Dann auf höchster Stufe in 2 Minuten zu einem glatten Teig verrühren.

2 Form auf den mit Backpapier belegten Ofenrost stellen. Teig in der Form verteilen. Im heißen Ofen bei 200 °C (Umluft 180 °C) in der Ofenmitte 10 Minuten backen.

3 Rost und Form aus dem Ofen nehmen und 2 Minuten stehen lassen. Waffelform auf den Rost stürzen und abheben. Waffeln weitere 10 Minuten backen, dann auf ein Gitter legen und abkühlen lassen.

4 Inzwischen die Tomaten in einem Sieb abtropfen lassen, dabei gelegentlich umrühren. Mozzarella in Scheiben schneiden und auf Küchenpapier abtropfen lassen. Abgezogenen Knoblauch fein hacken. Mit Oregano, Salz, Pfeffer und 1 Prise Zucker unter die Tomaten rühren.

5 Waffeln mit der Gitterseite nach oben wieder auf den mit Backpapier belegten Rost legen. Tomatensauce auf den Waffeln verteilen und mit Mozzarella belegen. Im heißen Ofen bei 200 °C (Umluft 180 °C) in der Ofenmitte überbacken.

6 Inzwischen Rucola verlesen, waschen und trockenschleudern. Pizzawaffeln mit Rucola und Schinken belegt anrichten.

Mexikanische Maiswaffeln mit Erbsen-Avocado-Creme

>> Zwillingspaar Nr. 2: Maisgrieß im Teig und Avocadocreme on top stehen in der herzhaften Variante der Köstlichkeit des Paares von Seite 35 in nichts nach.

1 Für die Waffeln Maisgrieß und Milch in einer Rührschüssel mit einem Schneebesen verrühren und 30 Minuten quellen lassen. Mehl, Backpulver, 2 kräftige Prisen Salz, Kreuzkümmel und Koriander mischen.

2 Für die Creme die Erbsen in einem Sieb mit kochend heißem Wasser überbrühen, abtropfen lassen, salzen. Limette heiß waschen, abtrocknen und 2 Teelöffel Schale fein abreiben. 3 Esslöffel Saft auspressen. Avocado halbieren, entkernen, Fruchtfleisch mit einem Löffel aus der Schale heben. 100 Gramm Erbsen und Knoblauch in einem Rührbecher pürieren. Avocado und Limettensaft zugeben und ebenfalls pürieren. Koriander hacken, mit Limettenabrieb unterrühren. Tomaten halbieren, Stielansatz und Kerne entfernen. Fruchtfleisch würfeln, mit den restlichen Erbsen unter die Creme rühren und kalt stellen.

3 Eigelbe und Öl verrühren. Mehlmischung abwechselnd mit der Maisgrießmischung unterrühren. Eiweiß mit den Quirlen des Handrührgeräts steif schlagen. Die Hälfte vom Eischnee unter den Teig ziehen, restlichen Eischnee mit einem Teigschaber unterheben. Form auf den mit Backpapier belegten Ofenrost stellen. Teig in der Form verteilen. Im heißen Ofen bei 200 °C (Umluft 180 °C) in der Ofenmitte 10 Minuten backen.

4 Rost und Form aus dem Ofen nehmen und 2 Minuten stehen lassen. Waffelform auf den Rost stürzen und abheben. Waffeln weitere 10 Minuten backen, dann auf ein Gitter legen und abkühlen lassen. Mit der Creme anrichten.

TIPP Dazu passen spanische Pimientos de Padron: Bratpaprika, herrlich goldbraun gebraten und heiß mit grobem Salz bestreut serviert. Olé!

FÜR 4 WAFFELN

Ofenwaffeln
50 g Maisgrieß (Polenta)

150 ml Milch

75 g Mehl

1 TL Backpulver

Salz

1/2 TL gemahlener Kreuzkümmel

1/2 TL gemahlener Koriander

2 Eier (Kl. M, getrennt)

60 g Rapskernöl

Erbsen-Avocado-Creme
150 g TK-Erbsen

Salz

1 Biolimette

1 reife Avocado

1 Knoblauchzehe, grob gehackt

1 Bund Koriandergrün

250 g Tomaten

Zubereitungszeit: ca. 1:15 Std.

Bayerische Laugenwaffeln mit Apfel-Obazdn

FÜR 4 WAFFELN

Ofenwaffeln

100 g Weizenmehl (Type 550)

100 g Dinkelmehl (Type 630)

1/2 TL Zucker

15 g frische Hefe

10 g Rapskernöl

Salz

20 g Natron

4 TL geschälte Sesamsaat

Obazda

125 g Camembert

40 g weiche Butter

2 EL Speisequark (40 %)

Salz, Pfeffer

1/2 – 1 TL Paprikapulver edelsüß

1/2 TL Kümmelpulver

1 säuerlicher Apfel

1 EL Zitronensaft

3 EL Schnittlauchröllchen

Hinweis: Dieses Rezept lässt sich leider nicht verdoppeln.

Zubereitungszeit: ca. 30 Min. (plus 1 Std. Gehzeit)

» Obazda (auch Obatzter) ist eine pikante bayerische Käsecreme. Übersetzt heißt das »Angebatzter«, also »zu einer weichen Masse Zerdrücktes und Vermengtes«.

1 Für die Waffeln Mehle und Zucker in einer Schüssel mischen. Hefe in 100 Milliliter handwarmem Wasser auflösen, zur Mehlmischung geben und mit den Knethaken des Handrührgeräts 5 Minuten verkneten. Öl und 1 Teelöffel Salz zugeben und weitere 3 Minuten zu einem festen Teig verkneten. Teig zu einer Kugel formen und abgedeckt in der Schüssel 45 Minuten gehen lassen.

2 Inzwischen für den Obazdn den Camembert in dünne Scheiben schneiden. Mit Butter und Quark in eine Schüssel geben und mit den Quirlen des Handrührgeräts verrühren. Mit Salz, Pfeffer, Paprikapulver und Kümmel würzen. Apfel bis zum Kernhaus in dünne Scheiben schneiden, fein würfeln und mit Zitronensaft mischen. Apfel und Schnittlauch unter die Käsecreme rühren.

3 Teig auf der leicht bemehlten Arbeitsfläche auf die Größe der Waffelform ausrollen. Teigplatte leicht mit Mehl bestäuben, wenden und wieder leicht bemehlen. Mit einer Teigkarte längs und quer halbieren, abgedeckt (siehe Tipp Seite 37) 15 Minuten gehen lassen.

4 Für die Lauge in einem mittelgroßen Topf 1 Liter Wasser aufkochen. Natron zugeben und die Lauge bei ganz geringer Hitze warm halten. Waffeln vorsichtig einzeln auf eine Schaumkelle legen und für je 20 Sekunden in die warme Lauge tauchen. Auf Backpapier kurz abtropfen lassen.

5 Form mit Sesam ausstreuen, auf den mit Backpapier ausgelegten Ofenrost stellen. Waffeln in die Form legen, etwas andrücken. Im heißen Ofen bei 200 °C (Umluft 180 °C) in der Ofenmitte 10 Minuten backen.

6 Rost und Form aus dem Ofen nehmen, 2 Minuten stehen lassen. Form auf den Rost stürzen und abheben. Waffeln weitere 10 bis 12 Minuten backen, dann auf einem Gitter abkühlen lassen. Mit dem Obazdn anrichten.

Zucchiniwaffeln mit Pesto-Tomaten

FÜR 4 WAFFELN

Pestotomaten

1 Bund Rucola (ca. 60 g)
1 Bund Basilikum (ca. 40 g)
30 g Walnusskerne
5–6 EL Rapskernöl
Salz
250 g Kirschtomaten (gelb und rot)

Ofenwaffeln

1 Zucchini (220 g)
125 g Maismehl (aus dem Naturkostladen)
1 TL Backpulver
150 ml Sojamilch
1 EL Zitronensaft
1 TL fein abgeriebene Biozitronenschale
1 TL Zucker
1/2 TL Muskatnuss (frisch gerieben)
Salz
5 EL Rapskernöl

Zubereitungszeit: ca. 50 Min.

Diese herzhafte Ofenwaffel ist für alle gesundheitsbewussten Genießer der absolute Hit, denn Teig und Topping sind vegan, gluten- und laktosefrei.

1. Für das Pesto die groben Stängel von Rucola und Basilikum entfernen. 50 Gramm Rucola und 30 Gramm Basilikum waschen, trockenschleudern und grob zerschneiden. Walnüsse im Blitzhacker grob hacken. Rucola, Basilikum und Öl zugeben, kurz zu einem glatten Pesto mixen, salzen und beiseite stellen.

2. Für die Waffeln Zucchini waschen, putzen und auf der groben Seite einer Vierkantreibe raspeln. Maismehl und Backpulver mischen.

3. Sojamilch, Zitronensaft, -abrieb, Zucker, Muskatnuss und 1 gestrichenen Teelöffel Salz mit einem Schneebesen verrühren. Öl sorgfältig unterrühren. Maismehlmischung unterrühren. Zucchiniraspel mit einem Teigschaber untermischen.

4. Form auf den mit Backpapier belegten Ofenrost stellen. Teig in der Form verteilen. Im heißen Ofen bei 200 °C (Umluft 180 °C) in der Ofenmitte 10 Minuten backen. Rost und Form aus dem Ofen nehmen und 2 Minuten stehen lassen. Waffelform auf den Rost stürzen und abheben. Waffeln weitere 10 bis 12 Minuten backen, dann auf ein Gitter legen und abkühlen lassen.

5. Inzwischen die Tomaten waschen und je nach Größe halbieren oder vierteln. Mit 2 bis 3 Esslöffeln Pesto mischen und mit den Waffeln anrichten.

Dieses Rezept finden Sie auf Seite 2 unten abgebildet.

Rezeptregister

Apfel-Maismehl-Waffeln mit Frischkäse und Apfelgelee 32

Bayerische Laugenwaffeln mit Apfel-Obazdn 60
Buchweizenwaffeln mit Heidelbeersahne 12
Butterkuchenwaffeln mit knusprigen Nussblättchen 37
Buttermilch-Honig-Waffeln mit Minz-Aprikosen-Salat 18

Erdnussbutterwaffeln mit marinierten Heidelbeer-Bananen 23

Focaccia-Waffeln mit Fenchel-Radicchio-Salat 49

Haferflockenwaffeln mit Gurken-Lachs-Salat 55
Hefe-Knusperzucker-Waffeln mit Erdbeeren und Eis 11

Joghurtwaffeln mit Erdbeersauce und Joghurtsahne 16

Kokoswaffeln mit schnellem Mangoeis 27
Kuhfleckenwaffeln mit Eierlikör-Vanille-Sauce 30

Lebkuchen-Sirup-Waffeln mit Bratäpfeln 24

Mandelwaffeln mit Joghurt-Himbeer-Sahne 15
Marzipanwaffeln mit Trockenobstkompott 17

Mexikanische Maiswaffeln mit Erbsen-Avocado-Creme 59
Milchreiswaffeln mit roter Beerengrütze 36
Mohnwaffeln mit Amarenakirschcreme 20

Ofenwaffel-Burger mit knusprigem Speck 52

Pastinakenwaffeln mit Schokoladencreme 45
Pizzawaffeln mit Rucola und rohem Schinken 56

Schwarzwälder-Kirsch-Waffeln mit Quarksahne 10
Sesam-Bananen-Waffeln mit Schokoladen-Cashew-Creme 42
Süße Maiswaffeln mit Avocado-Limetten-Creme 35

Tomatensuppe mit Parmesanwaffeln 48

Waffellollis mit Schokolade und Zuckerstreuseln 31
Waffel-Schoko-Nuss-Parfait 41
Waffogato – Vanilleeiswaffeln mit Kaffee 38

Zitronen-Pistazien-Waffeln mit Physaliskompott 43
Zucchiniwaffeln mit Pesto-Tomaten 62
Zwiebelwaffeln mit Leberkässalat 50

Impressum

Redaktionsleitung
Silke Kirsch
Projektleitung
Eva Wagner
Layout, DTP, Gesamtproducing
Grafikdesign Hansen – Jan-Dirk Hansen
Redaktion
Nicola v. Otto, Text & Form
Bildredaktion
Anka Hartenstein
Fotografie und Styling
Maike Jessen, Hamburg
Foodstyling
Pia Westermann
Korrektorat
Susanne Langer
Reproduktion
Regg Media GmbH, München
Druck und Verarbeitung
Anpak Printing Ltd., Hongkong
Printed in China

MIX
Papier aus verantwortungsvollen Quellen
FSC® C017997

Verlagsgruppe Random House
FSC® N001967
ISBN 978-3-517-09468-7

ÜBER DEN AUTOR

Kay-Henner Menge hat seine Hobbys Kochen, Backen und Garnieren zum Beruf gemacht. Der Diplom-Oecotrophologe arbeitet hauptberuflich als produzierender Redakteur und Foodstylist für verschiedene Magazine in der Versuchsküche eines großen Zeitschriftenverlags in Hamburg. Daneben schreibt er in seiner Freizeit Kochbücher zu unterschiedlichen Themen, die bereits zweimal mit dem »World Cookbook Award« ausgezeichnet wurden (»Schokoladentafeln selbst gemacht«, 2009, und »Cakepops!«, 2013). Kay-Henner Menge ist Mitglied im »Food Editors Club Deutschland«.

1. Auflage 2016
© 2016 by Südwest Verlag, einem Unternehmen der Verlagsgruppe Random House GmbH, Neumarkter Str. 28, 81637 München.

HINWEIS

Die Ratschläge/Informationen in diesem Buch sind von Autor und Verlag sorgfältig erwogen und geprüft. Dennoch kann eine Garantie nicht übernommen werden. Eine Haftung des Autors bzw. des Verlags und seiner Beauftragten für Personen-, Sach- und Vermögensschäden ist ausgeschlossen.
Der Verlag weist ausdrücklich darauf hin, dass im Text enthaltene externe Links vom Verlag nur bis zum Zeitpunkt der Buchveröffentlichung eingesehen werden konnten. Auf spätere Veränderungen hat der Verlag keinerlei Einfluss. Eine Haftung des Verlags ist daher ausgeschlossen.